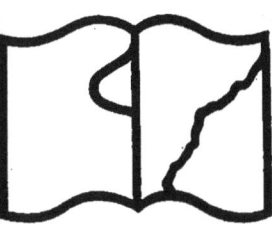

**TEXTE DETERIORE
RELIURE DEFECTUEUSE**

TRANSPARENCE DES PAGES

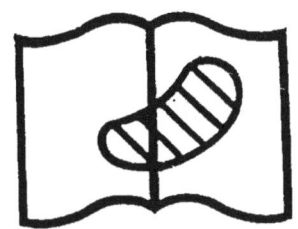

ILLISIBILITE PARTIELLE

NF Z 43-120

"VALABLE POUR TOUT OU PARTIE DU DOCUMENT REPRODUIT".

8° Ye
8463

LE LIVRE DE LA NATURE

CHOIX DE POÉSIES POUR LES ENFANTS

SOCIÉTÉ ANONYME D'IMPRIMERIE DE VILLEFRANCHE-DE-ROUERGUE
Jules BARDOUX, Directeur.

MAURICE ROLLINAT

LE
LIVRE DE LA NATURE

CHOIX DE POÉSIES POUR LES ENFANTS

AVEC LETTRE-PRÉFACE

DE

GEORGE SAND

PARIS
LIBRAIRIE CH. DELAGRAVE
15, RUE SOUFFLOT, 15

1893

Eh bien, mon enfant, voici ce que je ferais si j'étais poète : excepté les Fables *de* La Fontaine, *il n'y a pas de pièces de vers pour les enfants. Il est très bon, dès qu'ils savent parler, d'exercer leur mémoire, d'assurer leur prononciation, de les habituer aux idées et aux paroles qui ne sont pas de leur vocabulaire familier, de leur apprendre que la poésie existe et que c'est une expression au-dessus de l'expression habituelle. Tout le monde le sent plus ou moins, mais tout le monde le fait, tout le monde, ne fût-ce que pour l'amusement d'entendre des petites voix parler la langue des dieux, fait apprendre des vers aux enfants. Mais en dehors des* Fables *de* La Fontaine, *quels vers leur donne-t-on ? La* Henriade, Florian, *le* Récit de Théramène, *quelques poésies de* M*me* Desbordes-Valmore ; *ce sont les meilleures, mais incorrectes toujours et souvent maniérées. La fausse naïveté est aussi dans le grand* Maître *d'aujourd'hui. Bien peu de ses strophes sont d'une bonne école pour le premier âge. Il n'y a vraiment rien. Tout le siècle dernier est licen-*

cieux, ou plat. Le nôtre est faux et forcé. Je cherche partout des vers à faire apprendre à mes petites-filles. Il n'y en a pas. Je suis forcée de leur en faire, et ils sont très mauvais. Toutefois ils leur sont utiles parce que les enfants sont frappés de ce qu'on leur apprend en rythme et en rime, beaucoup plus que de ce qu'on leur dit en prose.

Un recueil de vers pour les enfants de six à douze ans, en ayant soin d'entremêler sans confondre les degrés. — Je m'explique. Tous les enfants de six ans ne liraient pas les pièces destinées aux enfants de douze ans, et vice versa ; mais le poète ne mêlerait pas dans la même pièce ce qui convient aux plus jeunes et ce qui convient aux plus grands. De cette façon chaque degré de l'intelligence trouverait son compte, et le livre serait une nourriture pour les années du développement.

Je dis qu'un tel livre aurait un succès populaire s'il était réussi. C'est très difficile, plus difficile que tout ce qu'on peut se proposer en littérature. Je l'ai demandé à tous ceux qui font des vers, tous ont reculé, ne sentant pas vibrer en eux cette corde du grand et du simple à la portée de l'enfance. Et pourtant l'enfant aime le grand et le beau, pourvu qu'on les lui donne sous la forme nette et sans ficelle aucune. Il s'intéresse à tout, et ne demande qu'à voir sous la forme poétique les objets de son incessant amusement.

Le poète n'a qu'à montrer. Il est l'Orphée qui remue les pierres ; il lui suffit de chanter, et tout chante dans l'âme de l'enfant. Tu n'es pas si loin de l'enfance. Souviens-toi ce que tu remarquais, ce que tu devinais, ce que ton père te faisait voir, et comme une expression bien choisie par lui te faisait entrer dans un monde nouveau.

Depuis l'insecte jusqu'à l'éléphant, depuis le myosotis jusqu'au cèdre, le poète a le domaine de l'infini, et chaque jour il initie; aussi je crois qu'il serait nécessaire de ne pas mettre la vérité des faits au service de la rime, de ne pas mêler les fleurs de toutes les saisons et de tous les pays, et de ne pas croire que les homards sont rouges avant d'être cuits. Les poètes, tous très descriptifs aujourd'hui, devraient savoir assez d'histoire naturelle pour ne pas commettre les bourdes dont ils sont criblés. Dans un recueil destiné à l'enfance, ce serait un tort grave que de n'être pas consciencieux.

Essaye, et si tu réussis, tu auras fait une grande chose; cela ne doit pas être bâclé vite, mais mûri et gesté sérieusement.

Sur ce, fais ce que tu voudras de mon conseil, je le crois bon, voilà pourquoi je te l'offre, en t'embrassant.

GEORGE SAND.

Nohant, 1872.

LE LIVRE DE LA NATURE

I

LA PETITE SOURIS

La petite souris blanchette
Glisse d'un pas bref et menu
Autour du bébé presque nu
Qui gigote sur sa couchette.

Et tandis que sur sa manchette
L'enfant bave, rose et chenu,
La petite souris blanchette
Glisse d'un pas bref et menu.

Crac ! la voilà sur la planchette
A deux doigts du frêle ingénu !
Mais le chat noir est survenu :
Elle rentre dans sa cachette,
La petite souris blanchette.

II

LE MEUNIER

Tic tac, tic tac ! Le moulin sonne,
Enfariné par tous les bouts,
Près du donjon plein de hiboux,
Dans la verdure qui frissonne.

Au bord du torrent qui façonne
Les joncs hauts comme des bambous,
Tic tac, tic tac ! le moulin sonne,
Enfariné par tous les bouts.

L'âne qu'un rien caparaçonne,
Suit dans l'herbe et le long des trous
Le meunier si blême et si roux
Qu'on dirait Pierrot en personne :
Tic tac, tic tac ! le moulin sonne.

III

L'ENTERREMENT D'UNE FOURMI

Les fourmis sont en grand émoi :
L'âme du nid, la reine est morte !
Au bas d'une très vieille porte,
Sous un chêne, va le convoi.

Le vent cingle sur le sol froid
La nombreuse et fragile escorte.
Les fourmis sont en grand émoi :
L'âme du nid, la reine est morte !

Un tout petit je ne sais quoi
Glisse, tiré par la plus forte :
C'est le corbillard qui transporte
La défunte au caveau du roi.
Les fourmis sont en grand émoi !

IV

LES FILS DE LA VIERGE

Bons petits cheveux si légers,
Jolis petits fils de la Vierge,
Vivent l'air pur qui vous héberge
Et la route où vous voyagez !

Suspendez-vous dans les vergers,
Flottez sur l'onde et sur la berge,
Bons petits cheveux si légers,
Jolis petits fils de la Vierge !

Les chevrettes et les bergers,
Le peuplier droit comme un cierge,
Le vieux château, la vieille auberge,
Tout sourit quand vous voltigez,
Bons petits cheveux si légers !

V

LE MINET

Il tète avec avidité
Et se cogne au sein qu'il enlace
Puis, lorsque sa nourrice est lasse,
Il dort sur son ventre ouaté.

Pour le minet doux et futé
C'est un lit que rien ne remplace !
Il tète avec avidité
Et se cogne au sein qu'il enlace.

Quand il s'est bien lissé, gratté,
Pris la queue et vu dans la glace,
Après ses tournements sur place
Et ses petits sauts de côté,
Il tète avec avidité.

VI

L'ÉCUREUIL

Le petit écureuil fait de la gymnastique
Sur un vieux chêne morne où foisonnent les guis.
Les rayons du soleil, maintenant alanguis,
Ont laissé le ravin dans un jour fantastique.

Le paysage est plein de stupeur extatique ;
Tout s'ébauche indistinct comme dans un croquis.
Le petit écureuil fait de la gymnastique
Sur un vieux chêne morne où foisonnent les guis.

Tout à l'heure, la nuit, la grande narcotique,
Posera son pied noir sur le soleil conquis ;
Mais, d'ici là, tout seul, avec un charme exquis,
Acrobate furtif de la branche élastique,
Le petit écureuil fait de la gymnastique.

VII

L'ÉCREVISSE

Elle voyage à sa façon
Autour d'un petit rocher maigre;
Son ruisseau, chuchoteur allègre,
Est caché par un grand buisson.

Tandis qu'un merle polisson
Raille un pivert à la voix aigre,
Elle voyage à sa façon
Autour d'un petit rocher maigre.

Et, lente comme un limaçon,
Noire comme la peau d'un nègre,
Narguant le poivre et le vinaigre,
Et le rouge de la cuisson,
Elle voyage à sa façon.

VIII

LES DEUX PETITS FRÈRES

Ils s'en reviennent de l'école,
Un livre dans leur petit sac.
— Au loin, on entend le ressac
De la Creuse qui dégringole.

L'aîné rapporte une bricole,
De la chandelle et du tabac.
Ils s'en reviennent de l'école,
Un livre dans leur petit sac.

Mais la nuit vient; dans sa rigole
La grenouille fait son coac,
Et tous les deux, ayant le trac
Et tirant leur pied qui se colle,
Ils s'en reviennent de l'école.

IX

LE PETIT RENARDEAU

Au bord de l'étang, le petit renardeau
Suit à pas de loup sa mère la renarde
Qui s'en va guettant, sournoise et goguenarde,
Le canard sauvage ou bien la poule d'eau.

— Des nuages bruns couvrent d'un noir bandeau
Le soleil sanglant que l'âpre nuit poignarde.
Au bord de l'étang, le petit renardeau
Suit à pas de loup sa mère la renarde.

Sur un bois flottant qui lui sert de radeau,
 Soudain la rôdeuse en tremblant se hasarde ;
Et moi, curieux et ravi, je regarde,
Caché par les joncs comme par un rideau,
Au bord de l'étang le petit renardeau.

X

LA CHÈVRE

Ma bonne chèvre limousine,
Gentille bête à l'œil humain,
J'aime à te voir sur mon chemin,
Loin de la gare et de l'usine.

Toi que la barbe encapucine,
Tu gambades comme un gamin,
Ma bonne chèvre limousine,
Gentille bête à l'œil humain.

Je vais à la ferme voisine,
Mais je te jure que demain
Tu viendras croquer dans ma main
Du sucre et du sel de cuisine,
Ma bonne chèvre limousine.

XI

LA RAINETTE

Ma bonne petite rainette,
A toi ce rondel amical.
— Le vent hurle comme un chacal
Autour de notre maisonnette.

— Elle te guigne, la minette,
Du haut d'un vieux meuble bancal.
Ma bonne petite rainette,
A toi ce rondel amical.

Ta monotone chansonnette
N'a pourtant rien de musical ;
Mais tu me plais dans ce bocal,
Sur ton échelle mignonnette,
Ma bonne petite rainette.

XII

LES MARGOTS

Les corneilles et les margots
Adorent ce pacage herbeux.
En voilà des oiseaux verbeux
Qui ne sont pas du tout nigauds !

Aussi lents que des escargots,
Çà et là paissent les grands bœufs.
Les corneilles et les margots
Adorent ce pacage herbeux.

Là-bas, sur les tas de fagots,
Et sur les vieux chênes gibbeux,
Tout autour du marais bourbeux,
En font-elles de ces ragots,
Les corneilles et les margots !

XIII

LES CLOPORTES

Au bas d'un vieux mur qui s'écroule,
Par delà fermes et guérets,
Les cloportes, lents et secrets,
Rampaient, ignorés de la poule.

Je longeais un ruisseau qui coule,
Lorsque j'aperçus les pauvrets
Au bas d'un vieux mur qui s'écroule,
Par delà fermes et guérets.

— Comme ils étaient loin de la foule,
Dans ces gravats mornes et frais !
Je voulus les voir de plus près ;
Mais ils se roulèrent en boule,
Au bas d'un vieux mur qui s'écroule.

XIV

LA TAUPE

La taupe a ressenti la haine
Du soleil qui cuit l'arbrisseau,
Mord le roc, pompe le ruisseau.
Combien pitoyable se traîne
Sa nuit d'aveugle souterraine !

Pleine de faim elle surmène
Sa dent, son groin de pourceau,
Ses mains, ses pieds à forme humaine,
   La taupe !

Mais elle jeûne, sans l'aubaine
D'un cloporte ou d'un vermisseau ;
Et la mort va prendre à la peine,
Sous son pauvre petit monceau,
La fouilleuse couleur d'ébène,
   La taupe !

XV

LA GROSSE ANGUILLE

La grosse anguille est dans sa phase
Torpide : le soleil s'embrase.
Au fond de l'onde qui s'épand,
Huileuse et chaude, elle se case
A la manière du serpent :
Repliée en anse de vase,
En forme de 8, en turban,
En S, en Z : cela dépend
Des caprices de son extase.

Vers le soir, se désembourbant,
Dans son aquatique gymnase
Elle joue, elle va grimpant
De roche en roche, ou se suspend
Aux grandes herbes qu'elle écrase,
    La grosse anguille.

L'air fraîchit, la lune se gaze ;
Moitié nageant, moitié rampant,
Alors elle chasse, elle rase

Sable, gravier, caillou coupant...
Gare à vous, goujonneau pimpant !
Gentil véron, couleur topaze !
Voici l'ogresse de la vase,
       La grosse anguille !

XVI

LA BÊTE A BON DIEU

La bête à bon Dieu, tout en haut
D'une fougère d'émeraude,
Ravit mes yeux... quand aussitôt,
D'en bas une lueur noiraude
Surgit, froide comme un couteau.

C'est une vipère courtaude,
Rêvassant par le sentier chaud
Comme le fait sur l'herbe chaude
    La bête à bon Dieu.

Malgré son venimeux défaut
Et sa démarche qui taraude,
Qui sait? Ce pauvre serpent rôde,
Bête à bon Diable ou peu s'en faut :
Pour la mère Nature il vaut
    La bête à bon Dieu.

XVII

LE FACTEUR RURAL

Par la traverse et par la route,
Il abat kilomètre et lieue ;
Et, quand il rentre à sa banlieue,
Il est si tard qu'il n'y voit goutte.

— Dans les prés, un troupeau qui broute ;
Sur les buissons, un hoche-queue.
Par la traverse et par la route,
Il abat kilomètre et lieue.

A son aspect, le chien veloute
Sa langue, en remuant la queue ;
Et les richards en blouse bleue
Lui font casser plus d'une croûte
Par la traverse et par la route.

XVIII

LA BOURRIQUE

La bourrique luisante et forte
Brait tous les jours, à la même heure,
Devant la rustique demeure,
De la plus lamentable sorte.

Ses hi-han disent : « Je suis morte
De soif! un peu d'eau! la meilleure! »
La bourrique luisante et forte
Brait tous les jours à la même heure.

Et ma foi! le seau qu'on lui porte
N'est pas un de ceux qu'elle effleure :
Elle y boit que son mufle en pleure !
Et puis elle broute à la porte,
La bourrique luisante et forte.

XIX

LE VER LUISANT

Le petit ver luisant dans l'herbe
S'allume cette fois encor
A la même place! Le cor
Pleure au loin; la nuit est superbe.

Au doux âge où l'on est imberbe,
Je l'admirais comme un trésor.
— Le petit ver luisant dans l'herbe
S'allume cette fois encor.

Mais, dira le penseur acerbe :
« Tout ce qui reluit n'est pas or! »
Moi, je réponds à ce butor,
Que j'aime, en dépit du proverbe,
Le petit ver luisant dans l'herbe.

XX

LES DINDONS

Ils vont la queue en éventail,
A la file, par les sentiers,
Glougloutinant des jours entiers :
Aux champs, c'est le menu bétail.

Doux pèlerins, sans attirail,
Et béats comme des rentiers,
Ils vont la queue en éventail,
A la file, par les sentiers.

Parfois pour caravansérail
Ils ont de grands jardins fruitiers,
Et là, prenant des airs altiers,
Sans redouter l'épouvantail,
Ils vont la queue en éventail.

XXI

LA BICHE

La biche brame au clair de lune
Et pleure à se fondre les yeux :
Son petit faon délicieux
A disparu dans la nuit brune.

Pour raconter son infortune
A la forêt de ses aïeux,
La biche brame au clair de lune
Et pleure à se fondre les yeux.

Mais aucune réponse, aucune,
A ses longs appels anxieux !
Et, le cou tendu vers les cieux,
Folle d'amour et de rancune,
La biche brame au clair de lune.

XXII

LE CIMETIÈRE

Le cimetière aux violettes
Embaume tous les alentours.
Les lézards y font mille tours
Au parfum de ses cassolettes.

Que de libellules follettes
Y sont vaines de leurs atours !
Le cimetière aux violettes
Embaume tous les alentours.

Et, champ de morts, nid de squelettes
Qui trompe le flair des vautours,
Il dort au bas des vieilles tours,
Entre ses roches maigrelettes,
Le cimetière aux violettes.

XXIII

LE FIL DU TÉLÉGRAPHE

A ce tournant rocheux du vallon qu'il domine,
Raide entre deux poteaux il se tient si menu
Qu'on le distingue mal, sans regard soutenu,
Hormis les jours d'orage où tout l'air s'illumine.

Si même un grand oiseau d'un parage inconnu,
Voyageur épuisé dont l'effort se termine,
Parfois s'y perchait, noir, ou blanc comme l'hermine !
Non ! Ce malheureux fil est toujours seul et nu !...

Une fois cependant, vers les temps aigrelets
Il fut le rendez-vous des frileux oiselets
Qui reviennent en troupe aux bons climats fidèles.

Et je le vois encore, à la fois gris et bleu
Comme un câble ardoisé, fléchissant au milieu,
Tant il était partout surchargé d'hirondelles.

XXIV

LES VIEUX PAUVRES

Les vieux pauvres par les chemins
Regardent l'eau, l'herbe et la branche,
Et leur bonne misère franche
Vague sans peur des lendemains.

Corps tannés, — teints de parchemins,
Secs et ligneux comme une planche, —
Les vieux pauvres par les chemins
Regardent l'eau, l'herbe et la branche.

A l'heure où le soleil épanche
Ses plus sanguinolents carmins,
Solennels, — tenant à deux mains
Le bissac où leur dos s'emmanche, —
Avec leur longue barbe blanche,
Ils font l'effet par les chemins
De patriarches surhumains
Dont l'œil clair se lève et se penche.

XXV

LA MORT DES FOUGÈRES

L'âme des fougères s'envole :
Plus de lézards entre les buis !
Et sur l'étang froid comme un puits
Plus de libellule frivole !

La feuille tourne et devient folle,
L'herbe songe aux bluets enfuis.
L'âme des fougères s'envole :
Plus de lézards entre les buis !

Les oiseaux perdent la parole,
Et par les jours et par les nuits,
Sur l'aile du vent plein d'ennuis,
Dans l'espace qui se désole
L'âme des fougères s'envole.

XXVI

LE MARAIS

Quand le printemps s'est installé,
Des vieux étangs, des grandes mares,
Monte, vaseux, rauque et voilé,
Comme un concert dissimulé
De voix foisonnantes ou rares.

Ces voix, tout le jour, sont avares
De leur son mal articulé :
Murmure creux, gémi, raclé,
Où tranche un bruit soudain de crécelles barbares.

Mais, dès la nuit, quel tintamarre !
Seul, dans un chemin isolé,
Au long d'un buisson qui s'effare,
On serait presque un peu troublé
Par le cri toujours plus enflé
De ces ventriloques bizarres
Des vieux étangs, des grandes mares.

XXVII

LES PRUNELLES

Ces prunelles bleu violet,
Dans le buisson plein de murmures,
N'ont qu'un terne et laiteux reflet
Auprès du noir luisant des mûres ;
Pas de guêpe au long corselet.

Mais voici que maint oiselet
S'éveille et descend des ramures
Pour picorer, tant qu'il lui plaît,
    Ces prunelles.

Comme des grains de chapelet,
Elles sortent rondes et pures
D'un fouillis de vertes guipures ;
Les prés sentent le serpolet,
Et l'aube ouvre dans l'air follet
    Ses prunelles.

XXVIII

LE LISERON

Le liseron est un calice
Qui se balance à fleur de sol.
L'éphémère y suspend son vol,
Et la coccinelle s'y glisse.

Le champignon rugueux et lisse
Parfois lui sert de parasol;
Le liseron est un calice
Qui se balance à fleur de sol.

Or, quand les champs sont au supplice,
Brûlés par un ciel espagnol,
Il tend toujours son petit bol
Afin que l'averse l'emplisse :
Le liseron est un calice.

XXIX

LA TOITURE EN ARDOISES

La vieille toiture en ardoises
Étincelle dès le matin
Sur le coteau qui sent le thym
Et qui plaît aux chèvres narquoises.

Au temps des vipères sournoises,
Et jusqu'après la Saint-Martin,
La vieille toiture en ardoises
Étincelle dès le matin.

Et dans la saison des framboises,
On voit luire au fond du lointain,
Avec l'éclair noir du satin
Et le reflet bleu des turquoises,
La vieille toiture en ardoises.

XXX

LE MARTIN-PÊCHEUR

Le miroitement des eaux vives
Attire le martin-pêcheur,
Qui fend la brume et la blancheur
Mieux que les merles et les grives.

Entre les grands saules des rives,
Au bord du ruisseau rabâcheur,
Le miroitement des eaux vives
Attire le martin-pêcheur.

Et sous les ramures plaintives,
Dans le soleil, dans la fraîcheur,
Il file, ce joli chercheur,
Rasant de ses lueurs furtives
Le miroitement des eaux vives.

XXXI

LA FONTAINE

La fontaine du val profond
Luit au bas des vieilles tourelles,
Dont les toitures se défont
Et dont les girouettes grêles
Vont et viennent, viennent et vont.

Jamais la mousse de savon
N'a troublé ses plissements frêles :
Elle est limpide jusqu'au fond,
    La fontaine.

Sur ses bords les saules me font
Des éventails et des ombrelles ;
Et là, parmi les sauterelles,
J'arrête mon pas vagabond
Pour lire Virgile et le bon
    La Fontaine.

XXXII

LES BABILLARDES

Bavardes comme des perruches,
Elles cheminent vers le puits
Qui bâille au milieu des grands buis.
— Les abeilles rentrent aux ruches.

En grignotant le pain des huches,
Elles font des haltes, et puis,
Bavardes comme des perruches,
Elles cheminent vers le puits.

Elles vont balançant leurs cruches,
Et moi, des yeux, tant que je puis,
Dans le crépuscule je suis
Ces diseuses de fanfreluches,
Bavardes comme des perruches.

XXXIII

L'ESCARGOT

Les oiseaux dont le bec s'aplatit ou se busque,
Le canard, le héron, la poule, la margot,
Ne trouveront pas là ce prudent escargot :
Nul danger qu'en sa grotte un ennemi s'embusque !

Désormais, soleil, froid, grand vent, — rien ne l'offusque.
En fait de mousse humide il a ce qu'il lui faut ;
Tout hors de sa coquille, et corné raide et haut,
Il s'étale et se tend sans renfonçade brusque.

Semblant plutôt voguer que ramper, le mollusque
Laisse un luisant sillage au long du roc noiraud :
A cette heure il s'arrête, ayant cheminé jusque
Au fond de la caverne ; — il est sur un terreau
Qu'ont formé récemment des fientes de blaireau,
Dont la senteur compacte emplit l'air qu'elle musque.

XXXIV

LE PETIT PAYSAGE

Ce frais recoin mystérieux
Qu'à regards penchés je visite
Vaut pour moi le plus vaste site
Où l'on s'écarquille les yeux.

Ce paysage mignonnet
Est fait d'un caillou, d'une mousse,
D'un brin d'herbe, d'un peu d'eau rousse,
D'un champignon et d'un genêt.

Le vent caché pour le moment
D'aucun souffle ne les dérange :
Ils dorment leur sommeil étrange
De stupeur et d'écrasement.

Le soleil cuisant le sillon,
L'onde, les foins, l'arbre et la roche,
Par intervalles les accroche
D'une parcelle de rayon;

Et ce peu d'ardente clarté,
Qui les transfigure quand même,
Les réjouit dans leur jour blême
Et leur brumeuse humidité.

Brin vert et champignon rosé,
Genêt, caillou que l'onde humecte,
Sont tous nus; pas le moindre insecte
Ne s'y montre errant ou posé.

Mais là, sur la mousse, se tient
Une mince et courte chenille,
Et dans la flaque d'eau frétille
Un crapaud lilliputien.

Cette chenillette en gaieté
Sur sa touffe de mousse grêle
Montre des ors dont son poil frêle
Vieillit encor l'ancienneté.

Et le petit crapaud gris brun,
Ayant traîné son ventre jaune,
Sur le champignon si bien trône
Que tous deux, soudés, ne font qu'un.

Puis, Elle ondule au bord de l'eau,
Où Lui rentré flotte et renage,
Et chacun est un personnage
Animant ce menu tableau.

Par leur vif et lent va-et-vient
Qu'ils manœuvrent à leur envie,
L'un l'autre ils lui donnent la vie
Minuscule qui lui convient.

Le Soleil devant maintenant
Fondre les carreaux des fenêtres
Fait flamber ces deux petits êtres
Dans leur petit coin rayonnant.

Et le vent frôle à souffle chaud
La toute petite peinture
Dont l'âme est la miniature
D'une chenille et d'un crapaud.

XXXV

LES CHATS-HUANTS

Au fond des campagnes sévères :
— Champs ravinés, marais gluants,
Bois pierreux, carrefours, calvaires, —
Voici geindre les chats-huants.

Mais c'est une plainte peureuse,
D'un éclat profond, bref et mou...
Comme un tout petit miaou
Qui s'enveloppe et qui se creuse.

Leur concert de sanglots malins
D'ordinaire autrement résonne :
Ce soir, le silence en frissonne,
Car chacun des oiseaux félins,

Pour crier le mauvais augure,
Reste invisiblement caché
Dans son petit chêne ébranché,
De fantomatique figure.

Si bien qu'en ce lugubre lieu,
Parmi ces rocs dont peu à peu
Blêmissent les couleurs de marbre,

A cette heure, sous ce ciel bas,
On s'imagine, à chaque pas,
Entendre miauler un arbre.

XXXVI

LE POULAIN

Tout seul dans ces prés frais et creux comme des caves,
Le poulain a si soif de sa mère jument
Que dans l'effort brutal et fou de son tourment
Il a rompu l'anneau de ses lourdes entraves.

La nuit s'approche, — ainsi que d'informes épaves
Glissant au fil de l'eau silencieusement,
Des nuages laineux rampent au firmament,
Et les arbres déjà prennent des airs plus graves.

Le poulain scrute un coin du morne horizon clos :
Mufle et crinière au vent, immobile, il écoute.
Soudain, il a bondi vers un bruit de grelots,

Et, vite, il a rejoint, comme la lune a lui,
Sa mère qui, non moins inquiète de lui,
Halte court, et le fait téter là sur la route.

XXXVII

LE PETIT TÉMOIN

Sans beaucoup sortir de ses trous,
L'insecte voit ce qui se passe :
A sa manière, autant que nous,
Il est le témoin de l'espace.

Ses ciels sont les morceaux d'azur
Tenant entre deux feuilles vertes ;
Ses monts, les pierres d'un vieux mur,
Et ses lacs, les flaques inertes.

Un ruisseau lui fait l'Océan ;
Le brin d'herbe, un arbre géant ;
Et toute la nature en somme

Se réduit pour ses petits yeux :
Il ne manque à ce curieux
Que la miniature de l'homme.

XXXVIII

LA JUMENT AVEUGLE

Avec l'oreille et les naseaux
Y voyant presque, à sa manière,
La vieille aveugle poulinière
Paissait l'herbe au long des roseaux.

Elle devait s'inquiéter
Lorsque sa pouliche follette
S'égarait un instant seulette,
Car elle cessait de brouter.

Un hennissement sortait d'elle,
Comme un reproche plein d'émoi,
Semblant crier à l'infidèle :
« Reviens donc vite auprès de moi ! »

Parfois même, en son désir tendre
De la sentir et de l'entendre,
Elle venait, à pas tremblants,

Lui lécher l'épaule et la tête,
Tandis que dans ses gros yeux blancs
Pleurait sa bonne âme de bête !

XXXIX

LE PETIT LIÈVRE

Brusque, avec un frisson
De frayeur et de fièvre,
On voit le petit lièvre
S'échapper du buisson.
Ni mouche ni pinson ;
Ni pâtre avec sa chèvre,
    La chanson
      Sur la lèvre.

Tremblant au moindre accroc,
La barbe hérissée
Et l'oreille dressée,
Le timide levraut
Part et se risque au trot,
Car l'aube nuancée
    N'est pas trop
      Avancée.

N'entend-il pas quelqu'un ?
Non ! ce n'est que la brise
Qui caresse et qui grise
Son petit corps à jeun.
Et dans le taillis brun
Le fou s'aromatise
  Au parfum
  Du cytise.

Dans le matin pâlot,
Leste et troussant sa queue,
Il fait plus d'une lieue
D'un seul trait, au galop.
Il s'arrête au solo
Du joli hoche-queue,
  Près de l'eau
  Verte et bleue.

Terrains mous, terrains durs,
En tout lieu son pied trotte ;
Et poudreux, plein de crotte,
Ce rôdeur des blés mûrs
Hante les trous obscurs
Où la source chevrote,
  Les vieux murs
  Et la grotte.

L'aube suspend ses pleurs
Au treillis des barrières,
Et sur l'eau des carrières
Fait flotter ses couleurs.
Et les bois roucouleurs,
L'herbe des fondrières
  Et les fleurs
  Des clairières,

L'if qui se rabougrit,
Le roc vêtu d'ouate
Où le genêt s'emboîte,
La forêt qui maigrit,
La mare qui tarit,
L'ornière creuse et moite :
  Tout sourit
  Et miroite.

Et dans le champ vermeil
Où s'épuise la sève,
Le lièvre blotti rêve
D'un laurier sans pareil ;
Et toujours en éveil
Il renifle sans trêve
  Au soleil
  Qui se lève.

XL

LA SAUTERELLE

Sa tête a l'air d'être en bois peint,
Malgré ses mandibules moites ;
Elle a l'œif gros comme un pépin.
Pareille aux bêtes en sapin,
Mouton, cheval, bœuf et lapin,
Que les enfants ont dans des boîtes,
Sa tête a l'air d'être en bois peint,
Malgré ses mandibules moites.

Grise, elle a les ailes doublées
De rouge antique ou de bleu clair
Qu'on entrevoit dans ses volées
Brusques, ronflantes et tremblées.
Verte, ses jambes endiablées
Sont aussi promptes que l'éclair ;
Grise, elle a les ailes doublées
De rouge antique ou de bleu clair.

Elle saute sans nul effort
Les ruisselets et les ornières ;
Et son coup de cuisse est si fort
Qu'elle semble avoir un ressort.
Puis, quand elle a pris son essor
Autour des trous et des marnières,
Elle saute sans nul effort
Les ruisselets et les ornières.

La toute petite grenouille
La regarde et croit voir sa sœur,
Au bord du pacage qui grouille
De fougères couleur de rouille.
Dans sa rigole où l'eau gargouille,
Sur son brin de jonc caresseur,
La toute petite grenouille
La regarde et croit voir sa sœur.

Elle habite loin des marais,
Sous la feuillée, au pied du chêne ;
Dans les clairières des forêts,
Sur le chaume et dans les guérets.
Aux champs, elle frétille auprès
Du vieil âne tirant sa chaîne ;
Elle habite loin des marais,
Sous la feuillée, au pied du chêne.

Nids de taupes et fourmilières,
Champignon rouge et caillou blanc,
Le chardon, la mousse et les lierres
Sont ses rencontres familières.
Sur les brandes hospitalières,
Elle vagabonde en frôlant
Nids de taupes et fourmilières,
Champignon rouge et caillou blanc.

Quand le soleil a des rayons
Qui sont des rires de lumière,
Elle se mêle aux papillons
Et cliquette avec les grillons ;
Elle abandonne les sillons
Et les abords de la chaumière,
Quand le soleil a des rayons
Qui sont des rires de lumière.

Cheminant, sautant, l'aile ouverte,
Elle va par monts et par vaux
Et voyage à la découverte
De quelque pelouse bien verte :
En vain, elle a plus d'une alerte
Parmi tant de pays nouveaux,
Cheminant, sautant, l'aile ouverte,
Elle va par monts et par vaux.

Son chant aigre est délicieux
Pour l'oreille des buissons mornes.
C'est l'acrobate gracieux
Des grands vallons silencieux.
Les liserons sont tout joyeux
En sentant ses petites cornes :
Son chant aigre est délicieux
Pour l'oreille des buissons mornes.

Cauchemar de l'agriculteur,
Tu plairas toujours au poëte,
Au doux poëte fureteur,
Mélancolique observateur.
Beau petit insecte sauteur,
Je t'aime des pieds à la tête :
Cauchemar de l'agriculteur,
Tu plairas toujours au poëte !

XLI

LE ROSSIGNOL

Quand le soleil rit dans les coins,
Quand le vent joue avec les foins,
A l'époque où l'on a le moins
     D'inquiétudes ;
Avec Mai, le mois enchanteur
Qui donne à l'air bonne senteur,
Il nous revient, l'oiseau chanteur
     Des solitudes.

Il habite les endroits frais,
Pleins de parfums et de secrets,
Sur les lisières des forêts
     Et des prairies ;
Sur les bords d'un lac ombragé,
Auprès d'un manoir très âgé
Ou d'un cimetière chargé
     De rêveries.

Le doux ignorant des hivers
Hante les fouillis d'arbres verts,
Et voit le soleil à travers
    L'écran des feuilles ;
C'est là que tu passes tes jours,
Roi des oiselets troubadours,
Et que pour chanter tes amours
    Tu te recueilles.

Tandis que l'horizon blêmit,
Que la berge se raffermit,
Et que sur les ajoncs frémit
    La libellule ;
Tandis qu'avec des vols ronfleurs,
Parfois obliques et frôleurs,
L'abeille rentre ivre de fleurs
    Dans sa cellule ;

Lui, le bohème du printemps,
Il chante la couleur du temps ;
Et saules pleureurs des étangs,
    Vieilles églises
Ayant du lierre à plus d'un mur,
Toute la plaine et tout l'azur
Écoutent vibrer dans l'air pur
    Ses vocalises.

Quand il pousse, dans sa langueur,
Des soupirs filés en longueur,
C'est qu'il souffre avec tout son cœur,
  Toute son âme !
Sa voix pleurant de chers hymens
A des sons tellement humains,
Que l'on dirait, par les chemins,
  Des cris de femme !

Alors elle rend tout pensifs
Les petits chênes, les grands ifs;
Et, mêlée aux ruisseaux furtifs,
  Aux bons visages
De la vache et de la jument,
Cette voix est assurément
La plainte et le gémissement
  Des paysages.

XLII

BALLADE DU VIEUX BAUDET

En automne, à cette heure où le soir triomphant
Inonde à flots muets la campagne amaigrie,
Rien ne m'amusait plus, lorsque j'étais enfant,
Que d'aller chercher l'âne au fond d'une prairie
Et de le ramener jusqu'à son écurie.
En vain le vieux baudet sentait ses dents jaunir,
Ses sabots s'écailler, sa peau se racornir :
A ma vue il songeait aux galops de la veille,
Et, parmi les chardons commençant à brunir,
Il se mettait à braire et redressait l'oreille.

Alors je l'enfourchais, et ma blouse en bouffant
Claquait comme un drapeau dans la bise en furie
Qui, par les chemins creux, tantôt m'ébouriffant,
Tantôt me suffoquant sous la nue assombrie,
Déchaînait contre moi toute sa soufflerie.
Quel train! Parfois, ayant grand'peine à me tenir,
J'aurais voulu descendre ou pouvoir aplanir
Ses reins coupants et d'une âpreté sans pareille :
Mais lui, fier d'un jarret qui semblait rajeunir,
Il se mettait à braire et redressait l'oreille.

Nous allions ventre à terre, et l'églantier griffant,
Les ajoncs, les genêts, la hutte rabougrie,
Les mètres de cailloux, le chêne qui se fend,
La ruine, le roc, la barrière pourrie,
Passaient et s'enfuyaient comme une songerie.
Et puis nous approchions : plus qu'un trot à fournir !
Dans l'ombre où tout venait se confondre et s'unir,
L'âne flairait l'étable avec son mur à treille,
Et, sachant que sa course allait bientôt finir,
Il se mettait à braire et redressait l'oreille.

ENVOI

Du fond de ma tristesse entends-moi te bénir,
O mon passé ! — Je t'aime, et tout mon souvenir
Revoit le vieux baudet dans la brume vermeille,
Tel qu'autrefois, lorsqu'en me regardant venir
Il se mettait à braire et redressait l'oreille.

XLIII

LA MARE AUX GRENOUILLES

Cette mare, l'hiver, devient inquiétante,
Elle s'étale au loin sous le ciel bas et gris,
Sorte de poix aqueuse, horrible et clapotante,
Où trempent les cheveux des saules rabougris.

La lande tout autour fourmille de crevasses,
L'herbe rare y languit dans des terrains mouvants.
D'étranges végétaux s'y convulsent, vivaces,
Sous le fouet invisible et féroce des vents ;

Les animaux transis que la rafale assiège
Y râlent sur des lits de fange et de verglas.
Et les corbeaux — milliers de points noirs sur la neige —
Les effleurent du bec en croassant leur glas.

Mais la lande, l'été, comme une tôle ardente,
Rutile en ondoyant sous un tel brasier bleu,
Que l'arbre, la bergère et la bête rôdante
Aspirent dans l'air lourd des effluves de feu.

Pourtant, jamais la mare aux ajoncs fantastiques
Ne tarit. Vert miroir tout encadré de fleurs
Et d'un fourmillement de plantes aquatiques,
Elle est rasée alors par les merles siffleurs.

Aux saules, aux gazons que la chaleur tourmente,
Elle offre l'éventail de son humidité,
Et, riant à l'azur, — limpidité dormante, —
Elle s'épanouit comme un lac enchanté.

Or, plus que les brebis, vaguant toutes fluettes
Dans la profondeur chaude et claire du lointain,
Plus que les papillons, fleurs aux ailes muettes,
Qui s'envolent dans l'air au lever du matin,

Plus que l'Ève des champs, fileuse de quenouilles,
Ce qui m'attire alors sur le vallon joyeux,
C'est que la grande mare est pleine de grenouilles,
— Bon petit peuple vert qui réjouit mes yeux. —

Les unes : père, mère, enfant, mâle et femelle,
Lasses de l'eau vaseuse à force de plongeons,
Par sauts précipités, grouillantes, pêle-mêle,
Friandes de soleil, s'élancent hors des joncs ;

Elles s'en vont au loin s'accroupir sur les pierres,
Sur les champignons plats, sur les bosses des troncs,
Et clignotent bientôt leurs petites paupières
Dans un nimbe endormeur et bleu de moucherons.

Émeraude vivante au sein des herbes rousses,
Chacune luit en paix sous le midi brûlant ;
Leur respiration a des lenteurs si douces
Qu'à peine on voit bouger leur petit goitre blanc.

Elles sont là, sans bruit, rêvassant par centaines,
S'enivrant au soleil de leur sécurité ;
Un scarabée errant du bout de ses antennes
Fait tressaillir parfois leur immobilité.

La vipère et l'enfant — deux venins ! — sont pour elles
Un plus mortel danger que le pied lourd des bœufs :
A leur approche, avec des bonds de sauterelles,
Je les vois se ruer à leurs gîtes bourbeux ;

Les autres, que sur l'herbe un bruit laisse éperdues,
Ou qui préfèrent l'onde au sol poudreux et dur,
A la surface, aux bords, les pattes étendues,
Inertes, hument l'air, le soleil et l'azur.

Ces reptiles mignons qui sont, malgré leur forme,
Poissons dans les marais, et sur la terre oiseaux,
Sautillent à mes pieds, que j'erre ou que je dorme,
Sur le bord de l'étang troué par leurs museaux.

XLIV

LA LUNE

La lune a de lointains regards
Pour les maisons et les hangars
Qui tordent sous les vents hagards
    Leurs girouettes ;
Mais sa lueur fait des plongeons
Dans les marais peuplés d'ajoncs
Et flotte sur les vieux donjons
    Pleins de chouettes !

Elle fait miroiter les socs
Dans les champs, et nacre les rocs
Qui hérissent les monts, par blocs
    Infranchissables ;
Et ses chatoiements délicats,
Près des gaves aux sourds fracas,
Font luire de petits micas
    Parmi les sables.

Avec ses lumineux frissons,
Elle a de si douces façons
De se pencher sur les buissons
    Et les clairières !
Son rayon blême et vaporeux
Tremblote au fond des chemins creux
Et rôde sur les flancs ocreux
    Des fondrières.

Elle promène son falot
Sur la forêt et sur le flot
Que pétrit parfois le galop
    Des vents funèbres ;
Elle éclaire aussi les taillis
Où, cachés sous les verts fouillis,
Les ruisseaux font des gazouillis
    Dans les ténèbres.

Elle argente sur les talus
Les vieux troncs d'arbres vermoulus
Et rend les saules chevelus
    Si fantastiques,
Qu'à ses rayons ensorceleurs,
Ils ont l'air de femmes en pleurs
Qui penchent au vent des douleurs
    Leurs fronts mystiques.

En doux reflets elle se fond
Parmi les nénuphars qui font
Sur l'étang sinistre et profond
    De vertes plaques;
Sur la côte elle donne aux buis
Des baisers d'émeraude, et puis
Elle se mire dans les puits
    Et dans les flaques!

Et, comme sur les vieux manoirs,
Les ravins et les entonnoirs,
Comme sur les champs de blés noirs
    Où dort la caille,
Elle s'éparpille ou s'épand,
Onduleuse comme un serpent,
Sur le sentier qui va grimpant
    Dans la rocaille!

XLV

L'INSECTE AQUATIQUE

Avec une aisance parfaite,
Tourniquant, virant, serpentant,
Il joue à fleur de son étang
Qui tiendrait dans une cuvette.

Ce prodigieux glissotant
Va par crochets, fait la navette,
Instantané comme l'instant :
La rainette en est stupéfaite.

Aussi, les jolis petits joncs
Qu'elle troublait de ses plongeons
Ont repris leur sommeil inerte...

Et c'est un charme exquis de voir
Patiner cet insecte noir
Devant cette grenouille verte.

XLVI

LES LIBELLULES

Fantasque essaim toujours errant,
Les libellules se poursuivent,
Et leurs gais chatoiements s'avivent
Aux ardents reflets du torrent.

Déjà moiré, parfois s'irise
Le petit tulle si léger
Qui leur permet de voltiger
Dans tous les sens comme la brise.

Les unes, taciturnement,
Laissent flotter leur nonchalance ;
D'autres, pour brûler le silence,
Dardent l'éclair d'un ronflement.

Dans les airs elles font des lieues,
Mais, toujours, en haut comme en bas,
Les grandes vertes ont le pas
Sur les toutes petites bleues.

Leur démence de liberté
Dont elles ne savent que faire
Les emporte dans l'atmosphère
Qui les soûle de sa clarté.

Au moindre vent qui les fustige,
A fleur d'écume ou de rocher,
Chacune vient se rapprocher
De la branchette ou de la tige,

Impondérable, mais pourtant
Lourde encor, si peu qu'elle y touche,
Pour le brin d'herbe qui se couche
Et se relève en tremblotant.

Longs clous d'or et de pierreries
Ayant grosse tête, gros yeux
Et fines ailes, sous les cieux
Elles promènent leurs féeries.

Elles vont flairer les roseaux
Et puis reprennent leur voyage
Entre les frissons du feuillage
Et les miroitements des eaux ;

Et quand, leur vol plein de crochets,
De zigzags et de ricochets,
Ayant lassé les demoiselles,

On les voit enfin s'arrêter :
Elles semblent moins s'éventer
Que respirer avec leurs ailes.

XLVII

LES PETITS ENDORMIS

En face d'un grand nénuphar,
Près d'un étang perdu qui vaguement moutonne,
    Le petit pauvre et le petit lézard
Ont été si grisés par la chaleur d'automne
Qu'ils prolongent encor leur sieste monotone :
Et, pourtant, l'air fraîchit, le ciel devient blafard.
Puis le temps change, à grands coups sourds il tonne !
    Sans mouvement et sans regard,
Tous deux ne bougent pas ! Le hibou s'en étonne :
D'où vient qu'ils restent là, par l'orage et si tard ?
C'est qu'ayant bien voulu que chacun prît sa part
Du bon soleil si cher à quiconque frissonne,
    Maternellement, comme une madone,
La mort, au même instant sur ce talus hagard
A touché du sommeil dont ne revient personne
Ces mignonnets frileux, réunis par hasard,
    Le petit pauvre et le petit lézard.

XLVIII

LE FOND DE L'EAU

Il fait une journée ardente,
Mais, sans lourdeur, torride à point :
Tout flambe, sommet, creux, recoin,
Dans une lumière fondante.

Déjà claire par elle-même,
Fourbie encor par un tel feu,
La rivière, sous le ciel bleu,
Est d'une transparence extrême.

Mais c'est surtout à cette place
Qu'entre ses bords sans arbrisseaux,
Dépourvus même de roseaux,
Elle forme une immense glace.

Pour l'anguille vorace et fourbe,
Là, nul repaire où se cacher !
C'est aussi net que du rocher,
Sans une apparence de bourbe.

Elle est tellement diaphane,
La masse d'eau de ce profond,
Que l'œil, en détaillant le fond,
Lumineusement s'y pavane.

Son lit s'étale, trembleux, lisse,
Montrant les scintillants micas
De ses beaux galets délicats
Où, trébuchant, le regard glisse.

Ces cailloux dont la vue égaie,
Plats ou bombés, ovales, ronds,
Figurent billes, macarons,
Gros sous et petite monnaie.

Miniature poissonnesque,
Les vérons, topazes des eaux,
Brillent : ceux-ci mignons fuseaux,
Et ceux-là filiformes presque.

On suit leur allure petiote
En vitesse comme en lenteur ;
On voit le mouvement téteur
De leur bouchette qui bâillotte.

Soudain, on reconnaît la truite
Aux taches roses de sa peau,
A l'instant même où leur troupeau
Devant son éclair prend la fuite.

Entre deux carpes solennelles
Un gardon passe, corps d'argent
Dont les membranes vont nageant,
Rouge vif comme les prunelles.

Le soir vient gazer l'atmosphère...
Mais voici du gravier poli
Visible sous l'eau sans un pli,
Comme un plancher gris sous du verre.

Toujours queue et flanc, tête et râble
Des jolis goujons gracieux
Restent en relief pour les yeux
Sur ce fin dallage de sable.

Les ors, les irisés, les moires
Des écailles, jusqu'aux nageoires,
Jusqu'aux moustaches du museau,

Luisent! sur ces miettes de roche
On les voit droits comme en biseau
Suivant que chacun rôde ou pioche.

Mais, par degrés, l'ombre s'allonge,
Et, dans un silence enchanté,
Revêt de sa lividité
Toute la campagne qui songe.

Puis, après le rêve, le somme
Prend les choses, l'onde s'enduit
Du grand mystère de la nuit
Impénétrable à l'œil de l'homme.

XLIX

LES ÉPHÉMÈRES

L'été, dans les endroits déserts,
Grouillent ces mouches minuscules :
Points noirs, mignonnettes virgules
Voltigeotant au bas des airs.

La nue et l'onde solennelles
Les regardent avec amour :
Leur vie est un bonheur d'un jour
Entre deux choses éternelles !

Aujourd'hui, pour épanouir
Leur ivresse de quelques heures,
Les bonnes brises sont meilleures,
L'ombre a voulu s'évanouir ;

Et le soleil que rien n'émousse
Fouille les bois, descend aux creux,
Parmi les coins gras et pierreux
Allume la flaque et la mousse.

Dans un nimbe d'or aveuglant
Elles tourbillonnent sans trêve
Sur une rivière de rêve,
Taciturne et fixe en coulant.

Près d'un coudrier, d'un bouleau
A la ramure stupéfaite
Leur agitation muette
Répond au silence de l'eau.

Elles vont foisonnant des ailes
Comme un petit brouillard mouvant
Frôlé par un soupir du vent
Ou par le vol des demoiselles.

Mais, peu à peu, l'heure les quitte,
Et puis une autre, — une autre encor...
En se rapprochant de la mort
Elles vivent toujours plus vite.

Et le nimbe insensiblement
Pâlit, — devient un cercle rose,
Puis rouge, où s'acharne morose
L'innombrable tourniquement.

Chaque pauvre petite mouche
Va disparaître avant la nuit :
Voici que le soleil se couche.

Ayant pris naissance avec lui,
Elles meurent sur la rivière
Avec le roi de la lumière.

L

L'ORPHELIN

« Allons voir ton papa qui dort au cimetière,
Dit la vieille servante à l'enfant tout en noir,
Viens ! tu réciteras, comme matin et soir,
Pour son âme de mort ta petite prière.

Pauvre homme ! il t'amusait encor sur ses genoux
Quand il avait déjà le râle dans la gorge...
Il sera si content de voir son petit George,
Ça lui figurera qu'il est toujours chez nous ! »

Et, vite, le marmot très ému, sans comprendre,
Suit la femme en bonnet qui le tient par la main,
Et, tous deux, les voilà dans ce triste chemin
Qu'ils ont depuis des mois l'habitude de prendre.

Entre les quatre murs que dépassent les croix
Arborant buis, couronne et médaillon de verre,
Ils vont, et, tout au fond de cet enclos sévère,
Arrivent à la tombe au long des cyprès froids.

Alors, simples, devant le rectangle de terre
Qu'a su tondre, épierrer, presque fleurir, leur soin,
Ils se mettent ensemble à genoux dans un coin
Dont l'ombre les revêt de vague et de mystère.

L'enfant ôte à deux bras son petit chapeau rond,
La bouche d'un béant qui montre ses quenottes ;
La vieille joint ses mains, comme lui ses menottes,
Chacun, d'un geste bref, s'étant signé le front.

Surveillant le mignon pour aider sa mémoire,
La servante, en dedans, dit son humble oraison,
Et lui, de bégayeuse et touchante façon,
Dit la sienne tout haut, en regardant Victoire.

Il est là, s'appliquant à moins balbutier,
Devant les yeux mouillés de cette bonne femme,
Troublant seul de sa voix pure comme son âme
Le silence des morts qui l'écoutent prier.

Puis, reprenant la main ou bien la devantière
De la servante, il rentre au logis de l'aïeul.
De même chaque jour. — Hier, il disait tout seul :
« Allons voir mon papa qui dort au cimetière ! »

LI

LES PAPILLONS

Ils sortent radieux et doux
Des limbes de la chrysalide
Et frôlent dans les chemins roux
Les ronces, les buis et les houx.
Pour voir les vieux murs pleins de trous
Et que la mousse consolide,
Ils sortent radieux et doux
Des limbes de la chrysalide.

Par eux, les buveurs de parfums,
Toutes les fleurs sont respirées ;
Ils vont des coudriers défunts
Aux nénuphars des étangs bruns ;
Et par eux, les chers importuns
Des solitudes éplorées,
Par eux, les buveurs de parfums,
Toutes les fleurs sont respirées.

Rouges, gris, noirs, jaunes et blancs,
Lamés d'azur, teintés de rose,
Ils rasent, gais et nonchalants,
La touffe d'herbe aux bouts tremblants;
Et par les midis accablants
Ils voyagent dans l'air morose,
Rouges, gris, noirs, jaunes et blancs,
Lamés d'azur, teintés de rose.

Ils sont portés par le vent lourd
Ainsi que la feuille par l'onde;
Au-dessus du ruisseau qui court
Leur vol est somnolent et court.
Seuls, dans le crépitement sourd
De la campagne verte et blonde,
Ils sont portés par le vent lourd
Ainsi que la feuille par l'onde.

Sur les fougères des grands prés
Et les genêts aux gousses noires,
Sur les coquelicots pourprés,
Ils frémissent tout effarés.
Et l'on voit leurs tons diaprés,
Éblouissants comme des moires.
Sur les fougères des grands prés
Et les genêts aux gousses noires.

Les papillons perdent un peu
De la poussière de leurs ailes
Dans le bonjour et dans l'adieu
Qu'ils murmurent au chardon bleu;
Et, maintes fois, dans plus d'un jeu
Avec leurs sœurs, les demoiselles,
Les papillons perdent un peu
De la poussière de leurs ailes.

Sur la côte où le lézard vert
Glisse avec un frisson d'étoile,
Ils s'arrêtent sous le ciel clair
Au milieu d'un calice ouvert :
Leurs ailes bien jointes ont l'air
D'une toute petite voile,
Sur la côte où le lézard vert
Glisse avec un frisson d'étoile.

La pâquerette ou le bluet
Les prend pour des fleurs envolées,
Et l'oiseau, d'un œil inquiet,
Les suit sur son rameau fluet.
Jolis rôdeurs au vol muet,
Quand ils passent dans les vallées,
La pâquerette ou le bluet
Les prend pour des fleurs envolées.

Le Paon-de-jour sur le zéphyr
Sème des pierres précieuses ;
Jais, corail, topaze et saphir,
Sur la rose il vient s'assoupir ;
Sa vue arrête le soupir
Et rend les prunelles joyeuses :
Le Paon-de-jour sur le zéphyr
Sème des pierres précieuses.

LII

BALLADE DES LÉZARDS VERTS

Quand le soleil dessèche et mord le paysage,
On a l'œil ébloui par les bons lézards verts :
Ils vont, longue émeraude ayant corps et visage,
Sur les tas de cailloux, sur les rocs entr'ouverts,
Et sur les hauts talus que la mousse a couverts.
Ils sont stupéfiés par la température ;
Près d'eux, maint oiselet beau comme une peinture
File sur l'eau dormante et de mauvais conseil ;
Et le brin d'herbe étreint d'une frêle ceinture
Leurs petits flancs peureux qui tremblent au soleil.

Puis, ils gagnent, après tous leurs circuits d'usage,
Les abords des lavoirs toujours si pleins de vers ;
Aux grands arbres feuillus qui font le tamisage
De l'air en feu stagnant sur tant de points divers,
Ils préfèrent les houx chétifs et de travers.
Lazzaroni frileux des jardins sans culture,
Côtoyeurs du manoir et de la sépulture,
Ils s'avancent furtifs et toujours en éveil,
Dès qu'un zéphyr plus frais lèche par aventure
Leurs petits flancs peureux qui tremblent au soleil.

Par les chemins brûlés, avides d'arrosage,
Et dans les taillis bruns où cognent les piverts,
Ils s'approchent de l'homme, et leur aspect présage
Quelque apparition du reptile pervers
Qui s'enfle de poisons pendant tous les hivers.
Un flot de vif-argent court dans leur ossature
Quand ils veulent s'enfuir ou bien chercher pâture ;
Mais parfois, aplatis dans un demi-sommeil,
Ils réchauffent longtemps, sans changer de posture,
Leurs petits flancs peureux qui tremblent au soleil.

ENVOI

O Crocodile ! Œil faux ! Mâchoire de torture,
Apprends que je suis fou de ta miniature.
Oui ! J'aime les lézards, et, dans le jour vermeil,
J'admire, en bénissant l'Auteur de la nature,
Leurs petits flancs peureux qui tremblent au soleil.

LIII

PAYSAGE D'OCTOBRE

Le torrent a franchi ses bords
Et gagné la pierraille ocreuse;
Le meunier longe avec efforts
L'ornière humide qui se creuse.
Déjà le lézard engourdi
Devient plus frileux d'heure en heure;
Et le soleil du plein midi
Est voilé comme un œil qui pleure.

Les nuages sont revenus,
Et la treille qu'on a saignée
Tord ses longs bras maigres et nus
Sur la muraille renfrognée.
La brume a terni les blancheurs
Et cassé les fils de la Vierge,
Et le vol des martins-pêcheurs
Ne frissonne plus sur la berge.

Les arbres se sont rabougris ;
La chaumière ferme sa porte,
Et le petit papillon gris
A fait place à la feuille morte.
Plus de nénuphars sur l'étang ;
L'herbe languit, l'insecte râle,
Et l'hirondelle en sanglotant
Disparaît à l'horizon pâle.

Près de la rivière aux gardons
Qui clapote sous les vieux aunes,
Le baudet cherche les chardons
Que rognaient si bien ses dents jaunes.
Mais comme le bluet des blés,
Comme la mousse et la fougère,
Les grands chardons s'en sont allés
Avec la brise et la bergère.

Tout pelotonné sur le toit
Que l'atmosphère mouille et plombe,
Le pigeon transi par le froid
Grelotte auprès de sa colombe ;
Et, tous deux, sans se becqueter,
Trop chagrins pour faire la roue,
Ils regardent pirouetter
La girouette qui s'enroue.

Au-dessus des vallons déserts
Où les mares se sont accrues,
A tire-d'aile, dans les airs
Passe le triangle des grues ;
Et la vieille, au bord du lavoir,
Avec des yeux qui se désolent,
Les regarde fuir et croit voir
Les derniers beaux jours qui s'envolent.

Dans les taillis voisins des rocs
La bécasse fait sa rentrée ;
Les corneilles autour des socs
Piétinent la terre éventrée,
Et, décharné comme un fagot,
Le peuplier morne et funèbre
Arbore son nid de margot
Sur le ciel blanc qui s'enténèbre.

LIV

JOURNÉE D'UNE CIGALE

La Cigale se perd
    Dans la haie
Où rien encor n'effraie
    Son corps vert.
A peine s'il fait clair :
Le jour seulement raie
    L'oseraie
    D'un éclair.

Elle assiste au réveil
    De l'aurore.
Tout le ciel se décore,
    Blanc vermeil,
D'un glacis de soleil ;
L'air bleuit et se dore,
    Bien qu'encore
    En sommeil.

Tout sort comme d'un puits
    De la brume;
Le sol moite qui fume,
    L'onde — et puis,
Formes, couleurs et bruits,
Dans le val que parfume
    L'amertume
    De ses buis..

Elle, pour exciter
    Les Cigales
Ses sœurs, moins matinales,
    A chanter,
Se met à cliqueter,
Faisant, par intervalles,
    Ses cymbales
    Se frotter.

Elle entend de trop loin
    Leur réponse;
D'ailleurs, de l'eau s'annonce,
    Elle poind!
Lors, prudente, avec soin,
La Cigale se fronce
    Et s'enfonce
    Dans son coin.

Mais l'averse d'été
　　Vite enfouie
Met l'arbre qui s'ennuie
　　En gaieté.
La bête a remonté
Sous les gouttes de pluie,
　　Éblouie
　　De clarté.

Bientôt dans l'air plus bleu
　　Qu'elle rince,
L'averse est aussi mince
　　Qu'un cheveu.
La bête humecte un peu
Sa bouchette qui pince,
　　Son cou grince
　　Tant qu'il peut.

Elle aborde un mûrier
　　Qui l'accueille,
Visite un chèvrefeuille
　　Tout entier.
Son épineux sentier
Va des fruits que l'on cueille
　　A la feuille
　　D'églantier.

Le matin s'est enfui...
    Midi brûle!
Nul zéphir ne circule,
    Le sol cuit.
Tout le ciel bas sur lui,
Cet air de canicule
    Vibre, ondule,
    Et reluit.

Ce fouillis la défend,
    Mais en somme,
Outre que l'air l'assomme,
    Étouffant,
Voici l'heure où souvent
Le serpent vient là, comme
    L'oiseau, l'homme
    Et l'enfant.

Donc! tant pis! son buisson
    Va se taire.
Elle gagne une terre
    De gazon
Qui dort sans un frisson :
Dans ce lieu solitaire
    Du mystère
    A foison!

Elle grimpait là-bas
    Chez son hôte
Le buisson de la côte,
    Pas à pas ;
Mais dans ce pré ! non pas !
Au sein de l'herbe haute
    Elle saute...
      Quels ébats !

Déjà pour le lézard
    D'émeraude,
Chercheur de l'ombre chaude,
    Il est tard.
Donc, sans peur, elle part,
Devant elle maraude,
    Flâne et rôde
    Au hasard.

Ses deux antennes ont,
    Délicates,
Un souple d'acrobates,
    Elles font
Biais et demi-rond :
Où les mènent les pattes
    D'automates
    Elles vont.

Elles trouve ici, là,
  Bien robée
Abeille, scarabée
  Plein d'éclat,
Faucheux haut, bousier plat,
Rentrant de leur tournée,
  Araignée
  Qui s'en va;

Puis le reptile ami
  Vert comme elle,
La rainette crécelle
  Qui frémit,
Un ver, une fourmi,
La grande sauterelle
  Sa jumelle
  A demi.

Elle surprend l'essor
  Ou la pause
D'un beau papillon rose
  Lamé d'or;
Elle rencontre encor
Un vieux grillon morose
  Qui repose,
  Semblant mort.

Un long parcours franchi,
 Un peu lasse,
Elle dort, se prélasse,
 Réfléchit.
Et, le corps rafraîchi,
Dans l'herbe haute ou basse
 Saute, passe,
 Resurgit.

Tel endroit lisse et nu,
 L'échassière
Maintes fois le préfère
 Au touffu ;
Son petit pied griffu
Qui mordrait sur le verre
 Ne sait guère
 Rien d'ardu.

Tout lui va! roc luisant
 Et cloaque,
Bois mort, sable qui craque,
 Jonc glissant,
Creux, hauteur et versant !
Après la boue opaque
 C'est la flaque
 A présent !

Se risquer à l'eau ? Non !
    C'est folie :
Mais, cette herbe salie
    Fait un pont.
Comme il suffit d'un bond,
Ou son aile jolie
    Se déplie
    Tout de bon.

Elle prend cette fois
    L'envolée
Sur la branche isolée,
    Sur les croix
Des chemins, sur les bois,
Sur la mousse brûlée
    Et gelée
    Des vieux toits.

Enfin, c'est son retour
    Qui lui tarde.
Elle tâte, regarde,
    Marche court,
Lente, à chaque détour
Dans cette ombre blafarde
    Qui brouillarde
    Tout autour.

Son trajet est fourni...
　　　Joie extrême !
Le voilà, ce qu'elle aime :
　　　Son cher nid,
Dans le buisson béni !
C'est temps : maintenant même
　　　Le jour blême
　　　Est fini.

LV

LES PETITS FAUTEUILS

Assis le long du mur dans leurs petits fauteuils,
Les deux babys chaussés de bottinettes bleues,
Regardent moutonner des bois de plusieurs lieues
Où l'automne a déjà tendu ses demi-deuils.

Auprès du minet grave et doux comme un apôtre,
Côte à côte ils sont là, les jumeaux ébaubis,
Tous deux si ressemblants de visage et d'habits
Que leur mère s'y trompe et les prend l'un pour l'autre.

Aussi, sur le chemin, la bergère en sabots
S'arrête pour mieux voir leurs ivresses gentilles
Qu'un barrage exigu, fixé par deux chevilles,
Emprisonne si peu dans ces fauteuils nabots.

Avec l'humidité de la fleur qu'on arrose,
Leur bouche de vingt mois montre ses dents de lait,
Ou se ferme en traçant sur leur minois follet
Un accent circonflexe adorablement rose.

Leur cheveux frisottés où la lumière dort
Ont la suavité vaporeuse des nimbes,
Et, sur leurs fronts bénis par les anges des limbes,
S'emmêlent, tortillés en menus crochets d'or.

Parfois, en tapotant de leurs frêles menottes
La planchette à rebords où dorment leurs pantins,
Ils poussent des cris vifs, triomphants et mutins,
Avec l'inconscience exquise des linottes.

Tout ravis quand leurs yeux rencontrent par hasard
La mouche qui bourdonne et qui fait la navette,
On les voit se pâmer, rire, et sur leur bavette
Saliver de bonheur à l'aspect d'un lézard.

En inclinant vers eux ses clochettes jaspées,
Le liseron grimpeur du vieux mur sans enduit
Forme un cadre odorant qui bouge et qui bruit
Autour de ses lutins en robes de poupées.

Et tandis que, venu des horizons chagrins,
Le zéphyr lèche à nu leurs coudes à fossettes,
L'un s'amuse à pincer ses petites chaussettes,
Et l'autre, son collier d'ivoire aux larges grains.

La poule, sans jeter un gloussement d'alarme,
Regarde ses poussins se risquer autour d'eux,
Et le chien accroupi les surveille tous deux
D'un œil mélancolique où tremblote une larme.

La campagne qui meurt paraît vouloir mêler
Son râle d'agonie à leurs frais babillages ;
Maint oiselet pour eux retarde ses voyages,
Et dans un gazouillis semble les appeler.

Le feuillage muet qui perd ses découpures,
En les voyant, se croit à la saison des nids ;
Et la flore des bois et des étangs jaunis
Souffle son dernier baume à leurs narines pures.

Mais voilà que chacun, penchant son joli cou,
Ferme à demi ses yeux dont la paupière tremble ;
Une même langueur les fait bâiller ensemble,
Et tous deux à la fois s'endorment tout à coup :

Cependant qu'au-dessus de la terre anxieuse
Le soleil se dérobe au fond des cieux plombés
Et que le crépuscule, embrumant les bébés,
Verse à leur doux sommeil sa paix silencieuse.

LVI

LE RAVIN DES COQUELICOTS

Dans un creux sauvage et muet
Qui n'est pas connu du bluet,
Ni de la chèvre au pied fluet.
    Ni de personne,
Loin des sentiers des bourriquots,
Loin des bruits réveilleurs d'échos,
Un fouillis de coquelicots
    Songe et frissonne.

Autour d'eux, d'horribles étangs
Ont des reflets inquiétants ;
A peine si, de temps en temps,
    Un lézard bouge
Entre les genêts pleins d'effroi
Et les vieux buis amers et froids
Qui fourmillent sur les parois
    Du ravin rouge.

Le ciel brillant comme un vitrail
N'épand qu'un jour de soupirail
Sur leurs lamettes de corail
    Ensorcelées,
Mais dans la roche et le marais
Ils sont écarlates et frais
Comme leurs frères des forêts
    Et des vallées.

Ils bruissent dans l'air léger
Sitôt que le temps va changer,
Au moindre aquilon passager
    Qui les tapote,
Et se démènent tous si fort
Sous le terrible vent du Nord,
Qu'on dirait du sang qui se tord
    Et qui clapote.

En vain, descendant des plateaux
Et de la cime des coteaux,
Sur ces lumineux végétaux
    L'ombre se vautre,
Dans un vol preste et hasardeux,
Des libellules deux à deux
Tournent et vibrent autour d'eux
    L'une sur l'autre.

Frôlés des oiseaux rabâcheurs
Et des sidérales blancheurs,
Ils poussent là dans les fraîcheurs
    Et les vertiges,
Aussi bien que dans les sillons ;
Et tous ces jolis vermillons
Tremblent comme des papillons
    Au bout des tiges.

Leur chaude couleur de brasier
Réjouit la ronce et l'osier ;
Et le reptile extasié,
    L'arbre qui souffre,
Les rochers noirs privés d'azur,
Ont un air moins triste et moins dur
Quand ils peuvent se pencher sur
    Ces fleurs du gouffre.

Les carmins et les incarnats,
La pourpre des assassinats,
Tous les rubis, tous les grenats
    Luisent en elles ;
C'est pourquoi, par certains midis,
Leurs doux pétales attiédis
Sont le radieux paradis
    Des coccinelles.

LVII

LE BABY

Frais comme l'herbe qui pousse,
Dans la ferme où je me plus,
Le baby suçait son pouce.

Le merle qui se trémousse
Dans les buissons chevelus
Frais comme l'herbe qui pousse,

Le roc où l'éclair s'émousse
L'attiraient ; roi des joufflus,
Le baby suçait son pouce.

Il se roulait dans la mousse
Et grimpait sur les talus
Frais comme l'herbe qui pousse.

Longtemps, devant la frimousse
Des petits ânons poilus,
Le baby suçait son pouce.

La flaque où l'on s'éclabousse
Tentait ses pieds résolus
Frais comme l'herbe qui pousse,

Près du chat qui se courrouce
Et des bons vieux chiens goulus,
Le baby suçait son pouce.

Oh ! dans l'eau de son qui mousse
Les pourceaux hurluberlus
Frais comme l'herbe qui pousse !

Il suivait tout ce qui glousse,
Et devant les bœufs râblus,
Le baby suçait son pouce.

A la voix lointaine et douce
D'un glas ou d'un Angélus,
Frais comme l'herbe qui pousse,

Dans la nuit vitreuse et rousse,
Sous les chênes vermoulus,
Le baby suçait son pouce.

Mais la mort vient et nous pousse !
Il fut un de ses élus
Frais comme l'herbe qui pousse.

Un jour on me dit : « Il tousse. »
Pourtant, chétif et perclus,
Le baby suçait son pouce.

La mort le prit sans secousse :
Et jaune, hélas ! n'étant plus
Frais comme l'herbe qui pousse,
Le baby suçait son pouce.

LVIII

L'ATELIER DU MENUISIER

L'atelier dort dans l'ombre grise :
Rampant des solives aux murs,
Les rayons et les clairs-obscurs
Y font un jour de vieille église.

J'ai tout le temps d'étudier
Chaque outil, sa forme et sa pose :
Le menuisier étant pour cause
Parti chez le cabaretier.

Sur l'établi — branches mi-jointes —
La pince ! — à côté, goguenard,
Le marteau-tête-de-canard
Ricanant sur un sac de pointes.

Au long du maillet lisse et net,
Le vilebrequin sans sa mèche
Ajoute un 5 baroque et rèche
Au valet qui fait un grand 7.

Là, sur du vieil acajou rouge,
Le compas chevauche un racloir
Dont le coupant semble en vouloir
Au canal oblong de la gouge.

Ici, sont groupés sans façon
Tous les ciseaux jusqu'au bec-d'âne ;
Une serpe luit, toute crâne,
Entre l'alène et le poinçon.

Figurant une olive jaune
En travers au bout d'un grand clou,
La vrille apparaît dans le flou
Avec un pain de cire en cône.

Du papier de verre en rouleau
Et le pinceau du pot à colle
Qui peint, vernit, mouille, bricole,
Se trempe dans l'huile et dans l'eau !

A moitié droites, les tenailles
Braquant leur bâillement sournois
Sur des ferrures de vieux bois
En pente contre les murailles !

Là, sortant d'un petit sabot,
La pierre à repasser, — navette ; —
Dans un vieux tesson de cuvette
Une brosse, près d'un rabot.

Celui-là se morfond ! il grille
De refaire siffleusement
Sous son lamineux glissement
Maint beau ruban qui se tortille.

Un tournevis long comme un doigt !
D'autres énormes, d'aspect drôle,
Grattant, râclant, jouant le rôle
D'espèces de ciseaux à froid.

Vraiment dignes d'un antiquaire,
Règle plate et long crayon plat
— Deux inséparables — sont là
Sur l'angle écorné de l'équerre.

Plus loin, ce martelet nabot,
Le diamant coupeur de vitre,
Un fouillis de clous près d'un litre
Un bout de chandelle au goulot !

Une pauvre lime rognée
Se mire d'un air malheureux
Dans un bout de carreau vitreux
Couvert de toiles d'araignée.

Enfin, contre un bloc de mastic,
Sa lamelle en plein dans la pâte,
Le mètre se tord en aspic
Sur l'encaustique qui se gâte...

A terre, parmi les copeaux,
Dans la sciure, sous des pailles,
De mélancoliques ferrailles
Et de respectables vieux pots !

Sur une table où la limace
Traîne sa glu, — des bois mouillés...
Moussue, entre ses coins rouillés,
La grosse tête de la masse.

La tarière, ce grand T
En forme d'ancre de navire,
Qui mange le bois, tourne et vire
Dans les nœuds de sa dureté !

La besaiguë, aux lames vives,
Dont le manche veut les deux mains
Et qui sur le bord des chemins
Taille et dégrossit les solives !

D'autres outils des charpentiers,
Certains pour charrette et pendule,
Car notre menuisier cumule
Et fait un peu tous les métiers...

Et, tandis qu'au fond de l'échoppe,
Tout debout, la cognée en fer
Et la hachette en acier clair
Regardent songer la varlope,

Tandis qu'un petit papillon,
Perdu là sans se reconnaître,
Tape et retape à la fenêtre
Où le soir met son vermillon,

Trouvant la minute choisie,
Un chat furtif et papelard
Vient manger la couenne de lard
Sous les dents mêmes de la scie.

LIX

LES MOUTONS

Grimpeurs, vifs malgré l'embonpoint ;
Buissonniers, — dans le paysage
Accrochant leur laine au passage
Et semant leur odeur de suint :

Toison d'un blanc sale, ou bien rousse,
Ou toute noire, — l'œil bombé,
Vitreux, de longs cils embarbé ;
Une humeur que rien ne courrouce :

Crottes en grains de chapelet
Par monts et par vaux propagées :
— Ovales et brunes dragées
De la pie et du roitelet : —

Cri tendre exprimant tout, la peine,
L'amour, la peur, — cri saisissant
Qui rappelle par son accent
L'enfance de la plainte humaine :

A grands traits, voici présentés
Les pauvres moutons domestiques,
Emblèmes des douceurs mystiques
Et des saintes humilités.

Chacun broute ou plutôt broutoche,
Tant c'est bref, saccadé, menu.
A grelottement continu,
Mécanique, leur museau pioche.

Un bruit? vite se dépêchant,
A suivre sa piste ils s'attardent ;
Puis, ils reviennent et regardent
A la barrière de leur champ.

Ou bien encore, ils vont se mettre
A lutter : si fort est le choc
De leurs fronts durs comme le roc,
Qu'on l'entendrait d'un kilomètre.

L'été, l'hiver, dans le bonheur
Ou dans l'ennui de la campagne,
Leur doux bêlement accompagne
Le berger qui chante en mineur.

Routiers des grands espaces rudes
Et des creux où l'ombre s'endort,
Ils deviennent, par un temps mort,
Le mouvement des solitudes.

La nature qui, jour et nuit,
Fond leurs couleurs avec ses teintes,
Harmonise encore leurs plaintes
Avec son silence et son bruit.

Ils s'amalgament à leurs hôtes :
Maigres moutons, rocs rabougris
Sous la laine ou le lichen gris
Ont le même aspect sur les côtes.

Le vieux cimetière les voit
Pâturer l'herbe de la tombe ;
Ils visitent le mur qui tombe
Et la citerne au souffle froid.

Tondus ou foisonnant de laine,
Au loin leur brumeux ondoiement
Forme un vermineux grouillement
Sur la montagne et dans la plaine :

En voici paître aux environs
D'une humble rivière qui songe,
Où le reflet du soleil plonge
Sous des zigzags de moucherons ;

L'herbe cuit, les hauteurs sont bleues ;
Les arbres baignent dans l'azur :
L'horizon si souvent obscur
S'est découvert à plusieurs lieues.

Les agneaux tettent les brebis
Que l'agenouillement délasse ;
La chèvre à l'ombre se prélasse,
Entre les béliers ébaubis.

Mais le brusque vent des orages
Rembrunit ce luisant tableau ;
Et les cieux sont couleur de l'eau,
Les moutons couleur des nuages.

L'éclair brûle, ils vont aveuglés
Par ce tortueux luminaire,
Mêlant aux rumeurs du tonnerre
De grands bêlements désolés.

La pluie éparpille la troupe ;
Ils cherchent longtemps autour d'eux,
Et tout penauds, seuls, deux à deux,
Ou ramassés par petit groupe,

Gagnent les coins pour s'y cacher :
Leur blottissement se recueille,
Ici s'abritant d'une feuille,
Et là du rebord d'un rocher.

Et saison grise ou saison verte,
Dès qu'il pleut, les retrouve ainsi :
Le col bas, le dos rétréci,
Les yeux mi-clos, la jambe inerte.

Par les jours chauds et quelquefois
Par les temps secs de la froidure,
Quand la terre est sonore et dure,
Sur une route, au long d'un bois.

Au fond d'un chemin de traverse.
Vous entendez derrière vous
Comme un roulement de cailloux
Précipités par une averse...

Ce sont des moutons détalant
Devant le chien qui les rassemble,
En bloc, trottinant tous ensemble,
Pied contre pied, flanc contre flanc.

Ceux des grandes plaines mouillées
Du sol chauve, aplati, géant,
Espèce de terre-océan
Dont les vagues seraient caillées,

Ceux-là se consument d'ennui
Près du vieux berger qui les garde,
En plein jour, forme aussi hagarde
Que le fantôme en pleine nuit.

A ces moutons l'horrible extase
Et le vertigineux repos !
Pour distraction ? des crapauds !
Et pour litière, de la vase.

Ceux des montagnes, constamment
Grisés d'air pur et de lumière,
Vivent le rêve de la pierre,
De la neige et du firmament.

Leur pâtre dans sa maisonnette
Les oublie, ayant pour tout soin
D'écouter seulement de loin
Tintinnabuler leur sonnette.

S'ils ne trouvent pas d'autres mets
Que de la bruyère qui souffre,
Ils peuvent boire au fond du gouffre
Et ruminer sur les sommets.

Ceux du val ont pris l'humeur triste
A flairer dans le vent des bois
L'odeur du loup, spectre sournois
Qui vient toujours à l'improviste.

L'été les fait toujours joyeux,
Satisfaits, matins, sans alarmes :
Leurs silhouettes sont des charmes,
Où qu'elles surgissent aux yeux ;

Mais leur rencontre vous étonne,
Vous saisit dans un lieu perdu,
Sous le ciel tout d'ombre tendu
Certaines nuits de fin d'automne.

Alors, l'effet d'un bêlement
Ou d'une toison ténébreuse
Est subi par l'âme peureuse
Presque surnaturellement.

Leur présence en telle contrée,
Près d'un étang, d'un carrefour,
Dégage un fantastique sourd,
Comme une vague horreur sacrée.

Et monotone va leur sort :
Reconsidérer la nature,
Y reprendre marche et pâture,
Y rebêler jusqu'à la mort.

Hélas ! savent-ils qu'ils se leurrent
En se disant qu'ils mourront bien
De vieillesse, comme le chien ?
Mystère ! mais souvent ils pleurent.

Ils ont des larmes dans la voix
Comme ils en ont sous les paupières :
Le soir, au bord des fondrières,
On les surprend plus d'une fois,

Écrasés par leur songerie,
Confondus, béants, semblant voir
Le coutelas de l'abattoir
Et l'étal de la boucherie.

LX

LE GRILLON

Noir et couleur corne de cerf,
N'ayant corselet ni charnière,
Sans taille, mais dans sa manière
Joli, plein de grâce et de nerf ;

Le derrière en pointe, — une tête
De moyenne épingle de jais ;
Bien jambé pour tous ses trajets
De carnassier et de poète ;

Tel se manifeste parfois
Aux yeux penchés sur la nature,
Par monts, par vaux, à l'aventure,
Le grillon des champs et des bois.

Pour son pauvre frère de l'âtre
La geôle humaine des maisons,
Le croupissement des tisons,
L'horreur de la suie et du plâtre !

Mais pour lui, l'espace animé
Par le frissonnement des choses,
Les cieux pommelés, bleus et roses,
La terre en fleurs, le vent pâmé !

D'indépendance il se régale,
Et sa mystériosité
Esquive la société
De sa grande sœur la cigale.

Il a pour compagne d'ennui
Sa chanson aigre et monotone,
Qu'il dit du printemps à l'automne,
Au gîte, au dehors, jour et nuit.

Des mois entiers il vous harcèle
Avec son menu grincement,
Semblant venir d'un instrument
Moitié râpe et moitié crécelle.

Lorsque sous le cuisant midi,
Par les vallons, ravins et plaines,
Le vent brûlé n'a plus d'haleines,
Au milieu de l'air engourdi,

Il se fait une somnolence
Dans le paysage abattu,
Cependant que ce bruit têtu
S'acharne à limer le silence.

Dès la saison froide qu'il craint,
Le grillon s'enfonce et se visse
En son caveau, dont l'orifice
Bâille, oblique, à fleur du terrain.

Là, comme les morts sous leur pierre,
Comme les vers et les crapauds,
Il dort... Mais adieu le repos,
Quand revient la grande lumière!

Hors de son ténébreux manoir,
Un instant il se déconcerte
Avant d'entrer dans l'herbe verte,
Le petit solitaire noir.

Car sa prudence est très maligne :
C'est par elle qu'il se défend
Contre l'embûche de l'enfant
Et du vieux pêcheur à la ligne

Allons! il saura bien tourner
Les gros dangers qu'il appréhende!
Et par le taillis et la brande
Il se hasarde à cheminer.

La température l'invite
A marcher d'un pas d'escargot,
Mais il surveille une margot
Qui se rapproche un peu trop vite.

Comme il observe et qu'il connaît
Les manœuvres de la vipère,
Soupçonneusement il opère
Son inspection du genêt.

Passe un chat à la griffe acerbe,
Qu'importe! il a pour se cacher
La complicité du rocher
Et la maternité de l'herbe!

Il se dissimule à demi
Devant l'aveugle courtilière,
Évite la fourmilière
Autant qu'il cherche la fourmi.

Il regarde, auprès des bergères
Dont il rase les sabots plats,
Du bran de scie et des éclats
De vieilles souches bocagères.

Et bon ou mauvais champignon,
Selon les pays qu'il traverse,
Lui sert d'abri contre l'averse,
Et d'observatoire mignon.

Sur ce talus au gazon grêle
Il rencontrera par hasard
Le glissotement d'un lézard
Ou le bond d'une sauterelle;

Puis, tel fossé prête au grillon
Sa cachette fraîche et fidèle,
Sans l'indiscret frôlement d'aile
De la mouche et du papillon.

Les vieux parcs où la clématite
Grimpe aux arbres comme elle veut;
L'ornière où se rend, dès qu'il pleut,
La grenouille toute petite;

Quelque sauvage escarpement,
Une fondrière, une berge
Toujours tranquille, souvent vierge
Du passage et du broutement;

Les bords des grottes et des sources,
Le monticule d'une croix...
Autant de sites et d'endroits
Affectionnés de ses courses.

Il est si chercheur du recoin,
Il a tant cultivé l'étude
Des instants où la solitude
N'a qu'elle-même pour témoin.

Qu'il fait souvent près d'une lieue
Par le chaume, au long du buisson,
Sans voir l'éclair ni le frisson
D'un orvet ou d'un hochequeue.

Mais sa flânerie en éveil
Peu à peu s'oublie, il se grise
Du triple charme de la brise,
De la pénombre et du soleil.

L'inquiétude circonspecte
Déjà beaucoup moins le conduit :
Le rêvassement se produit
Dans cette cervelle d'insecte.

Le brin de ver, l'œuf de fourmi
Qu'il a mangés sous la fougère,
En ce moment il les digère,
Stupéfié, presque endormi.

Près d'une fontaine qui cause
Ou d'une mare qui se plaint,
Inerte, il savoure à son plein
Sa petite extase morose.

Et quand la pourpre des couchants
S'étend, comme une tache d'huile,
Du haut de l'horizon tranquille
Aux profondeurs vagues des champs,

Le grillon se réveille, bouge,
Reprend son bruit de serrurier...
Et s'achemine à son terrier
A travers la campagne rouge.

TABLE DES MATIÈRES

	Pages.
Lettre-préface de George Sand	5
La petite Souris	9
Le Meunier	10
L'enterrement d'une Fourmi	11
Les Fils de la Vierge	12
Le Minet	13
L'Écureuil	14
L'Écrevisse	15
Les deux petits Frères	16
Le petit Renardeau	17
La Chèvre	18
La Rainette	19
Les Margots	20
Les Cloportes	21
La Taupe	22
La grosse Anguille	23
La Bête à bon Dieu	25
Le Facteur rural	26
La Bourrique	27
Le Ver luisant	28
Les Dindons	29
La Biche	30
Le Cimetière aux violettes	31

TABLE DES MATIÈRES

	Pages.
Le Fil du télégraphe	32
Les vieux Pauvres	33
La mort des Fougères	34
Le Marais	35
Les Prunelles	36
Le Liseron	37
La Toiture en ardoises	38
Le Martin-Pêcheur	39
La Fontaine	40
Les Babillardes	41
L'Escargot	42
Le petit Paysage	43
Les Chats-Huants	46
Le Poulain	48
Le petit Témoin	49
La Jument aveugle	50
Le petit Lièvre	52
La Sauterelle	55
Le Rossignol	59
Ballade du vieux Baudet	62
La Mare aux grenouilles	64
La Lune	68
L'Insecte aquatique	71
Les Libellules	72
Les Petits endormis	75
Le fond de l'Eau	76
Les Éphémères	80
L'Orphelin	83
Les Papillons	85

TABLE DES MATIÈRES

	Pages.
Ballade des Lézards verts	89
Paysage d'octobre	91
La Journée d'une Cigale	94
Les petits Fauteuils	103
Le Ravin des Coquelicots	106
Le Baby	109
L'Atelier du Menuisier	112
Les Moutons	117
Le Grillon	126

SOCIÉTÉ ANONYME D'IMPRIMERIE DE VILLEFRANCHE-DE-ROUERGUE
Jules BARDOUX, Directeur.

GROUPE BRUNET

ARCHIVISTIQUE INTERNATIONALE

Membre du Conseil International des Archives

LE TAILLAN-MEDOC

NOVEMBRE 1991

www.ingramcontent.com/pod-product-compliance
Lightning Source LLC
Chambersburg PA
CBHW060154100426
42744CB00007B/1026